Impressum
Verlag: BABADADA GmbH, Nedderfeld 112 , 22529 Hamburg
Geschäftsführer / Verlagsleitung: Harald Hof
Druck: Books on Demand GmbH, In de Tarpen 42, 22848 Norderstedt

Imprint
Publisher: BABADADA GmbH, Nedderfeld 112 , 22529 Hamburg, Germany
Managing Director / Publishing direction: Harald Hof
Print: Books on Demand GmbH, In de Tarpen 42, 22848 Norderstedt

mekdep

school

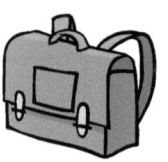

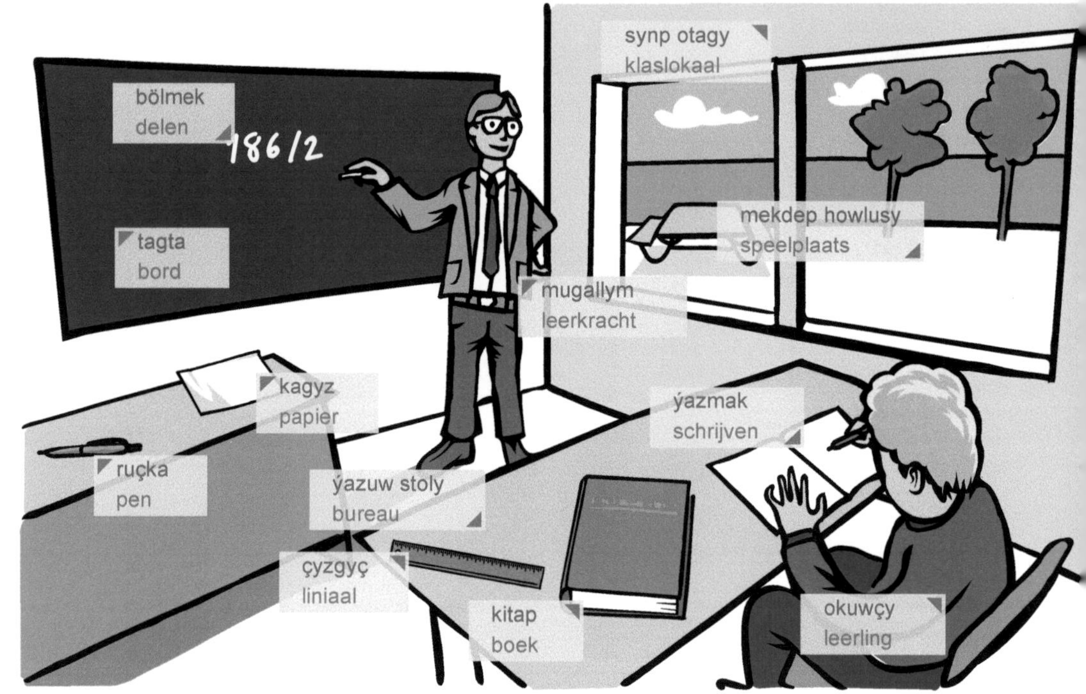
synp otagy
klaslokaal
bölmek
delen
186/2
tagta
bord
mekdep howlusy
speelplaats
mugallym
leerkracht
kagyz
papier
ýazmak
schrijven
ruçka
pen
ýazuw stoly
bureau
çyzgyç
liniaal
kitap
boek
okuwçy
leerling

ranes
schooltas

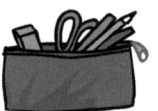

penal
pennenzak

galam
potlood

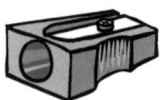

galam artylýan
puntenslijper

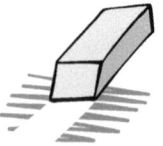

bozguç
gom

surat çekmek üçin albom
tekenblok

surat

tekening

çotgajyk

verfborstel

reňkli guty

verfdoos

gaýçy

schaar

ýelim

lijm

depder

werkboek

öý işi

huiswerk

12

san

nummer

2+2

goşmak

optellen

5-2

aýyrmak

aftrekken

2×2

köpeltmek

vermenigvuldigen

hasaplamak

rekenen

A

harp

letter

ABCDEFG
HIJKLMN
OPQRSTU
VWXYZ

elipbiý

alfabet

söz

woord

tekst

tekst

okamak

Lezen

hek

krijt

sapak

les

synp dergisi

klassenboek

synag

examen

diplom

certificaat

mekdep lybasy

schooluniform

bilim

onderwijs

ensiklopediýa

encyclopedie

uniwersitet

universiteit

mikroskop

microscoop

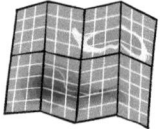

karta

kaart

kagyz üçin sebet

papiermand

syýahat
reis

myhmanhana
hotel
Grand
syýahatçylyk bazasy
jeugdherberg
ROOMS
walýuta çalyşmak üçin bent
wisselkantoor
çemedan
koffer
awtomobil
auto

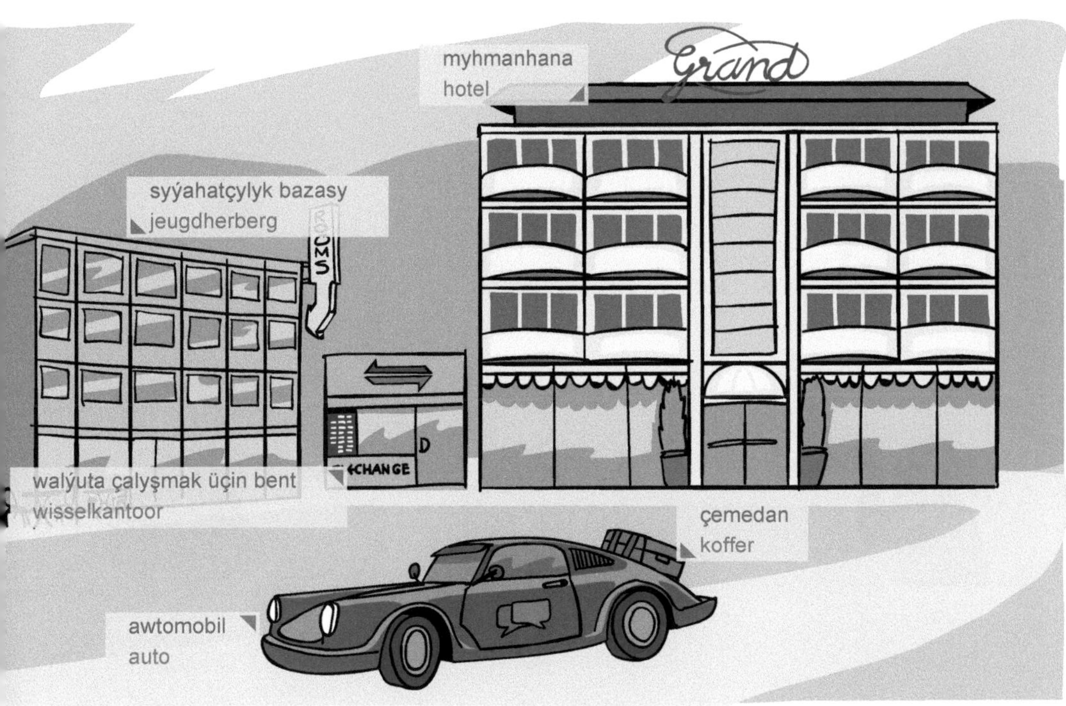

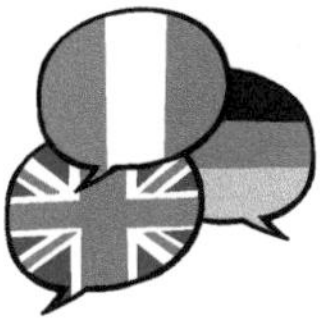

dil
Taal

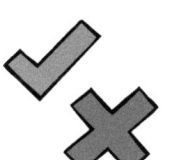

hawwa / ýok
ja / nee

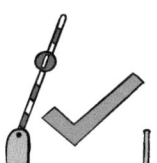

bolýa
oké

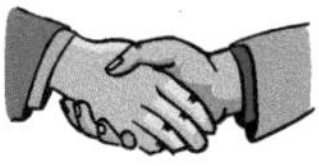

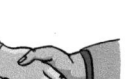

salam
hallo

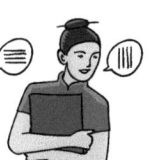

terjimeçi
vertaler

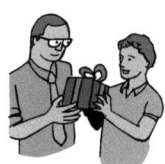

Minnetdar
bedankt

bahasy näçe?

Hoeveel kost …?

men düşünmeýärin

Ik begrijp het niet

mesele

probleem

Agşamyňyz haýyr!

Goedenavond!

Ertiriňiz haýyrly!

Goedemorgen!

Gijäňiz rahat bolsun!

Goedenavond!

görüşýänçäk

Tot ziens

ugur

richting

ýük

bagage

torba

zak

eginden asylýan torba

rugzak

myhman

gast

otag

kamer

halta ýorgan

slaapzak

çadyr

tent

syýahatçylyk maglumaty

toeristeninformatie

kenarýaka

strand

karz karty

kredietkaart

ertirlik

ontbijt

günortanlyk

lunch

agşamlyk

avondeten

petek

ticket

lift

lift

poçta markasy

postzegel

çäk

grens

gümrük

douane

ilçihana

ambassade

wiza

visum

pasport

paspoort

ulag
transport

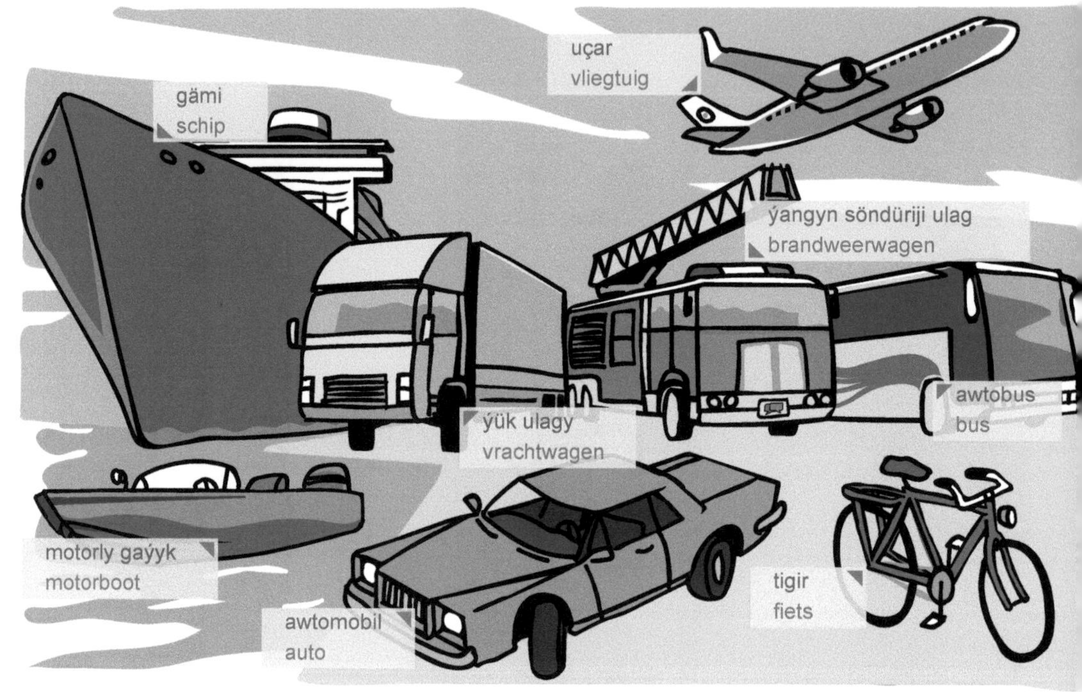
uçar
vliegtuig
gämi
schip
ýangyn söndüriji ulag
brandweerwagen
awtobus
bus
ýük ulagy
vrachtwagen
motorly gaýyk
motorboot
tigir
fiets
awtomobil
auto

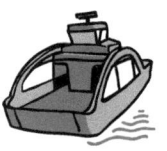

parom
....
veerboot

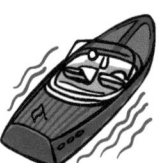

gaýyk
....
boot

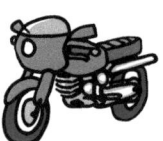

motosikl
....
motor

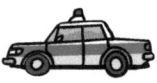

polisiýa ulagy
....
politiewagen

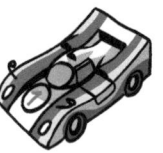

çapyşyk
....
racewagen

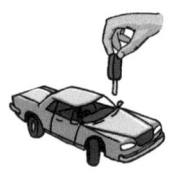

kärendä alnan ulga
....
huurauto

ulagy bilelikde ulanmak

carpoolen

tirkeg ulagy

sleepwagen

zir-zibil daşaýan ulag

vuilniswagen

hereketlendiriji

motor

ýangyç

benzine

guýma

benzinestation

ýol belgisi

verkeersbord

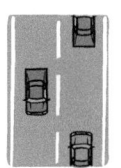

hereket

verkeer

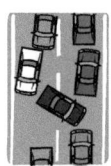

dyky

file

awtoduralga

parkeerplaats

menzil

station

seplem

sporen

otly

trein

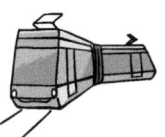

tramwaý

tram

wagon

wagon

dik uçar

helikopter

howa menzili

luchthaven

minara

toren

ýolagçy

passagier

konteýner

container

guty

karton

araba

kar

sebet

mand

uçmak / gonmak

opstijgen / landen

şäher

stad

oba

dorp

şäher merkezi

stadscentrum

öý

huis

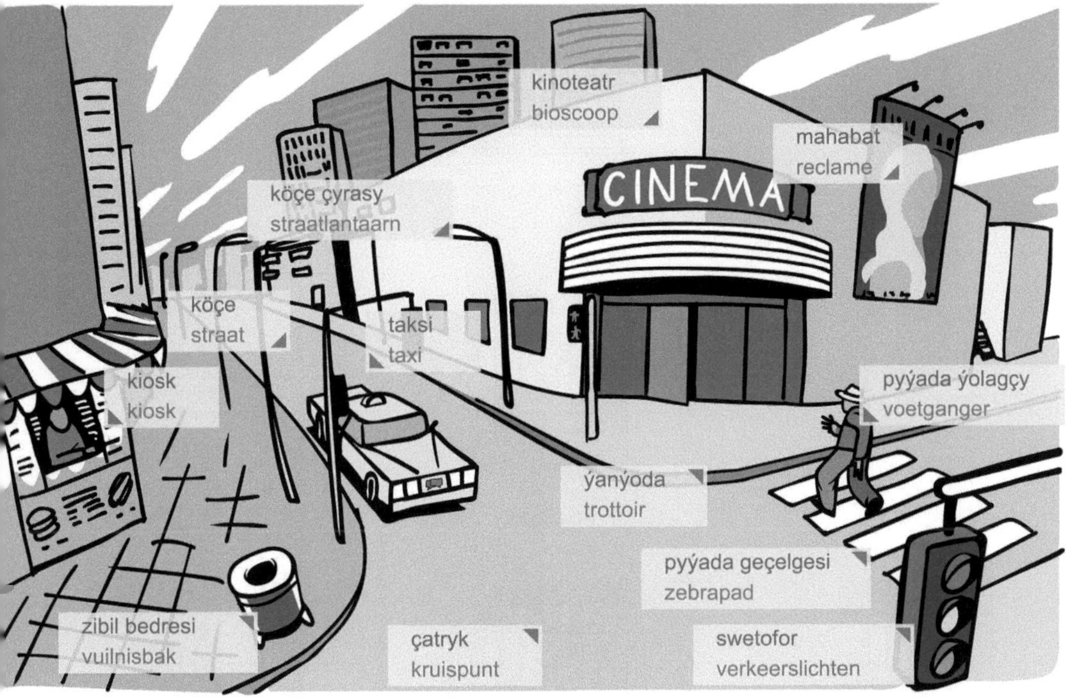
kinoteatr
bioscoop
mahabat
reclame
CINEMA
köçe çyrasy
straatlantaarn
köçe
straat
taksi
taxi
kiosk
kiosk
pyýada ýolagçy
voetganger
ýanýoda
trottoir
pyýada geçelgesi
zebrapad
zibil bedresi
vuilnisbak
çatryk
kruispunt
swetofor
verkeerslichten

kepbe

hut

öý

woning

menzil

station

şäher häkimligi

stadshuis

MUSEUM

muzeý

museum

mekdep

school

uniwersitet

universiteit

bank

bank

hassahana

ziekenhuis

myhmanhana

hotel

dermanhana

apotheek

ofis

kantoor

kitap dükany

boekwinkel

dükan

winkel

gül dükany

bloemenwinkel

supermarket

supermarkt

bazar

markt

uniwermag

warenhuis

balyk söwdagäri

vishandelaar

söwda merkezi

winkelcentrum

port

haven

park
park

oturgyç
bank

köpri
brug

merdiwan
trap

metro
metro

ötük
tunnel

awtobus
bushalte

bar
bar

restoran
restaurant

poçta gutusy
brievenbus

köçäni adyny görkezýän
ýazgy
straatnaambord

parkometr
parkeermeter

haýwanat bagy
zoo

basseýn
zwembad

metjit
moskee

ferma
boerderij

daşky gurşawyň
hapalanmagy
milieuverontreiniging

gonamçylyk
kerkhof

buthana
kerk

çaga meýdançasy
speelplaats

ybadathana
tempel

landşaft
landschap

ýaprak
blad

ýol görkeziji
wegwijzer

ýol
weg

ýaýla
weide

daş
steen

syýahatçy
wandelaar

agaç
boom

derýa
rivier

ot
gras

gül
bloem

dere
vallei

dag
heuvel

köl
meer

tokaý
bos

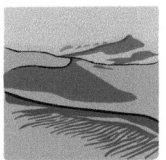

çöl
woestijn

wulkan
vulkaan

gulp
kasteel

älemgoşar
regenboog

kömelek
paddenstoel

palma agajy
palmboom

çybyn
mug

sinek
vlieg

garynja
mier

bal arysy
bijl

möý
spin

tomzak

kever

gurbaga

kikker

awusiýdik

eekhoorn

kirpi

egel

towşan

haas

baýguş

uil

guş

vogel

guw

zwaan

ýekegapan

wild zwijn

sugun

hert

los

eland

bent

dam

şemal generatory

windturbine

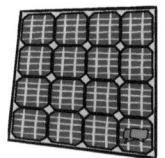

gün batareýasy

zonnepaneel

howa

klimaat

restoran
restaurant

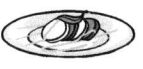

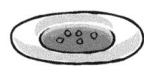

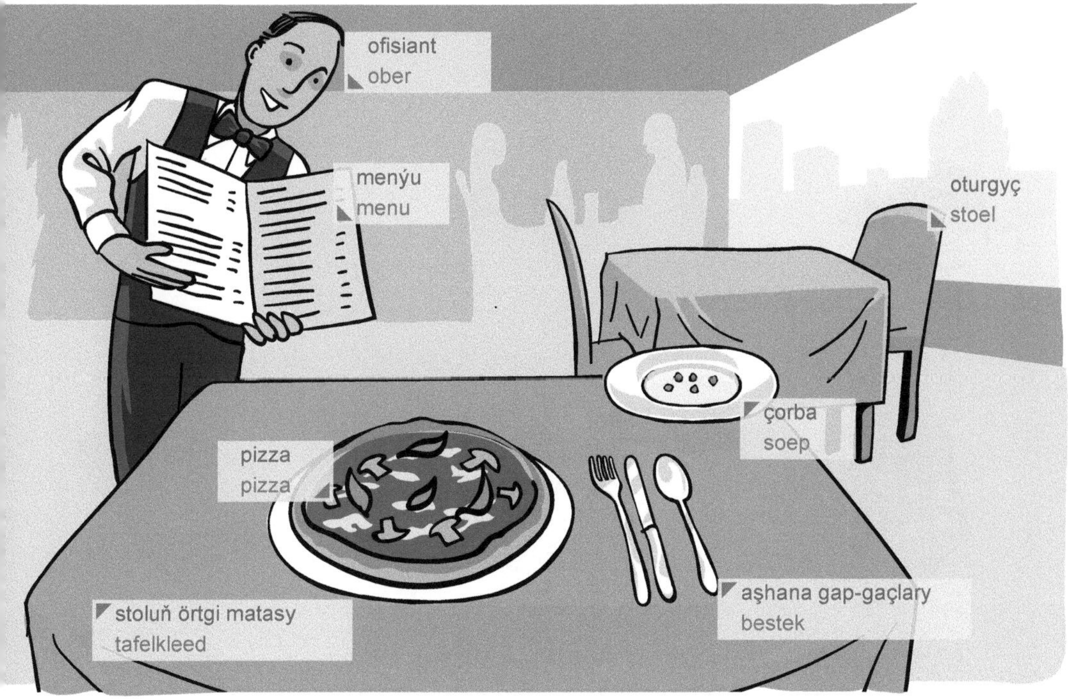
ofisiant
ober
menýu
menu
oturgyç
stoel
çorba
soep
pizza
pizza
aşhana gap-gaçlary
bestek
stoluň örtgi matasy
tafelkleed

garbanma

voorgerecht

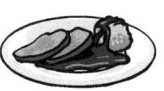

esasy tagam

hoofdgerecht

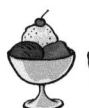

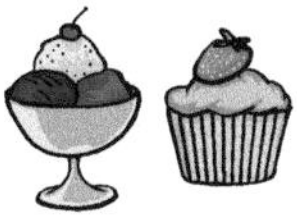

süýjülik

nagerecht

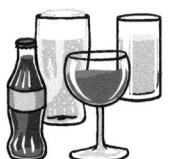

içgiler

drankjes

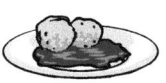

nahar

eten

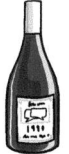

süýşe

fles

tiz tagam

fastfood

köçe iýmiti

street food

çäýnek, kitir

theepot

şeker gaby

suikerpot

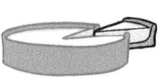

porsiýa

portie

kofe gaýnadyjy

espressomachine

çaga oturgyjy

kinderstoel

hasap

rekening

mejme

dienblad

pyçak

mes

çarşak

vork

çemçe

lepel

çaý çemçesi

theelepel

salfetka

serviette

bulgur

glas

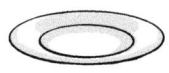

tarelka

bord

çorba tarelkasy

soepbord

tabajyk

schoteltje

sous

saus

duz gaby

zoutvatje

burçy üweýji

pepermolen

sirke

azijn

ýag

olie

huruş

kruiden

ketçup

ketchup

gorçisa

mosterd

maýonez

mayonaise

supermarket

supermarkt

ýörite teklip
aanbieding
FOR
alyjy
klant
süýt önümleri
zuivelproducten
miweler
fruit
satyn alnan zatlar üçin araba
winkelwagen

BUTCHERS

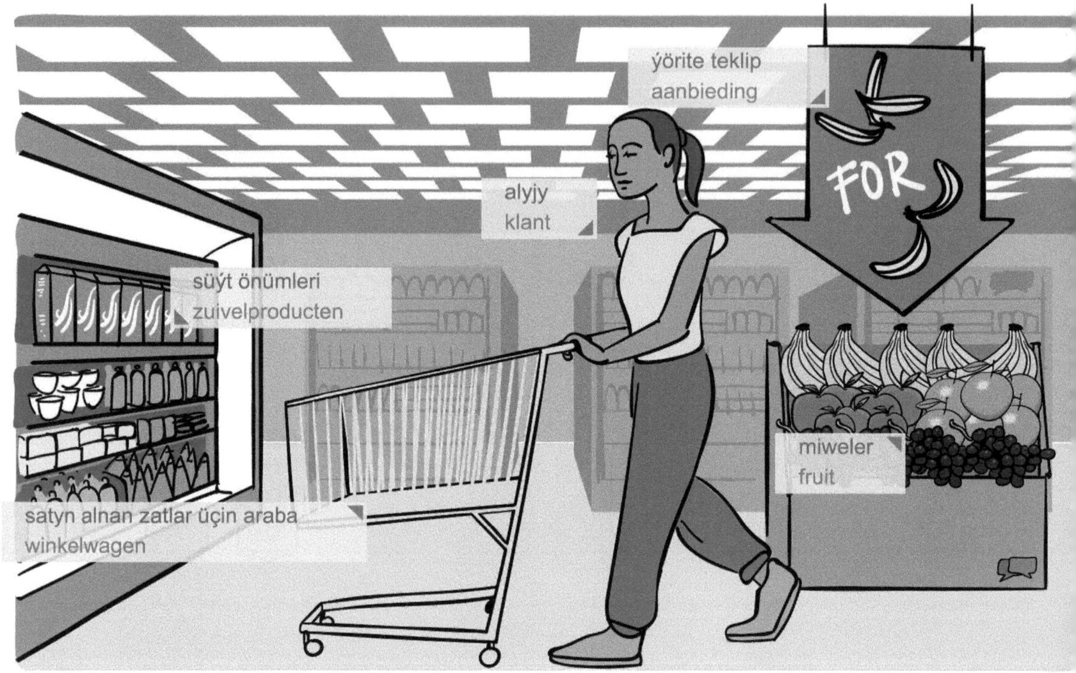

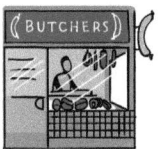

et dükany

slagerij

BAKERY

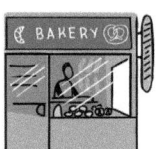

çörek kärhanasy

bakkerij

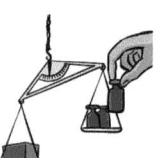

ölçemek

wegen

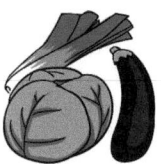

gök önümler

groenten

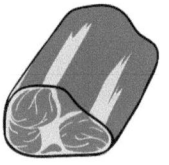

et

vlees

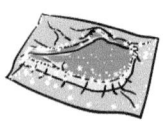

tiz doňýan önümler

diepvriesvoedsel

kesme

charcuterie

konserwirlenen önümler

conserven

kir ýuwujy toz

waspoeder

süýjülikler

snoep

öýde ulanylýan zat

huishoudproducten

ýuwujy serişde

schoonmaakproducten

satyjy aýal

verkoopster

kassa

kassa

pulhanaçy

kassier

satyn alynmaly zatlar

boodschappenlijstje

iş wagty

openingstijden

gapjyk

portefeuille

karz karty

kredietkaart

sumka

tas

polietilen paket

plastieken zakje

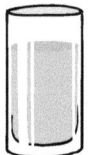

suw

water

şire

sap

süýt

melk

koka-kola

cola

wino

wijn

piwo

bier

alkogol

alcohol

kakao

cacao

çaý

thee

kofe

koffie

espresso

espresso

kapuçino

cappuccino

banan

banaan

alma

appel

pyrtykal

sinaasappel

garpyz

meloen

limon

citroen

käşir

wortel

sarymsak

knoflook

bambuk

bamboe

sogan

ajuin

kömelek

champignon

hoz

noten

un aş

noodles

spagetti

spaghetti

tüwi

rijst

işdäaçar

salade

gowurylan ýer alma

frieten

gowurylan ýer alma

gebakken aardappelen

pizza

pizza

gamburger

hamburger

sendwiç

sandwich

üweme

kalfslapje

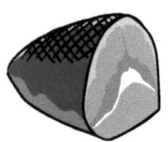

wetçina

ham

salýami

salami

şöhlat

worst

towuk

kip

gowrulyp taýýarlanýan
nahar

braden

balyk

vis

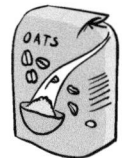

süle patragy

havervlokken

mýusli

muesli

mekgejöwen patragy

cornflakes

un

bloem

kruassan

croissant

bulka

pistolet

çörek

brood

tost

toast

köke

koekjes

ýag

boter

dorog

kwark

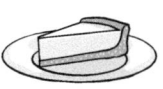

pirog

taart

ýumurtga

ei

heýgenek

spiegelei

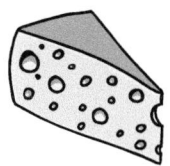

peýnir

kaas

doňdurma

ijs

şeker

suiker

bal

honing

marmelad

confituur

nogully krem

choco

karri

curry

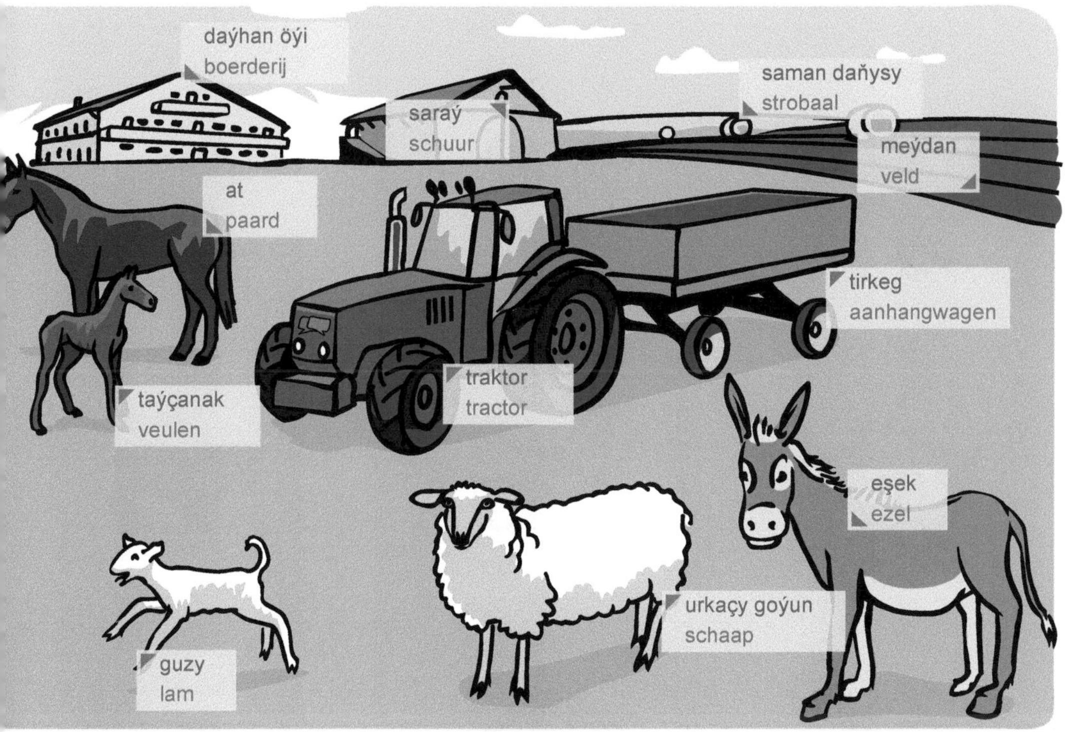

daýhan öýi
boerderij

saman daňysy
strobaal

saraý
schuur

meýdan
veld

at
paard

tirkeg
aanhangwagen

traktor
tractor

taýçanak
veulen

eşek
ezel

urkaçy goýun
schaap

guzy
lam

geçi

geit

sygyr

koe

göle

kalf

doňuz

varken

jojuk

biggetje

öküz

stier

gaz

gans

ördek

eend

jüýje

kuiken

towuk

kip

horaz

haan

alaka

rat

pişik

kat

syçan

muis

öküz

os

it

hond

it ýatagy

hondenhok

bag şlangy

tuinslang

guýgyç

gieter

orak

zeis

azal

ploeg

orak
sikkel

kätmen
schoffel

dökün çarşagy
hooivork

palta
bijl

galtak
kruiwagen

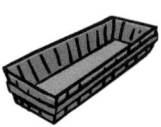

kersen
trog

süýt üçin tüññür
melkkan

halta
zak

haýat
hek

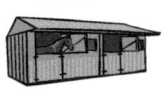

çörek
stal

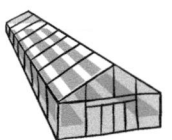

ýyladyşhana
broeikas

toprak
bodem

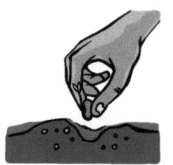

ekin
zaad

dökün
mest

kombaýn
maaidorser

hasyl ýygnamak
oogsten

galla
oogst

ýams
yam

bugdaý
tarwe

soýa
soja

ýeralma
aardappel

mekgejöwen
maïs

raps
koolzaad

miwe agajy
fruitboom

manioka
maniok

däneli ösümlikler
graan

tüsseçykar
schoorsteen

üçek
dak

suw akdyrylýan tarnaw
regenpijp

penjire
raam

ulagjaý
garage

jaň
deurbel

gapy
deur

hapa atylýan bedre
vuilnisbak

poçta gutusy
brievenbus

bag
tuin

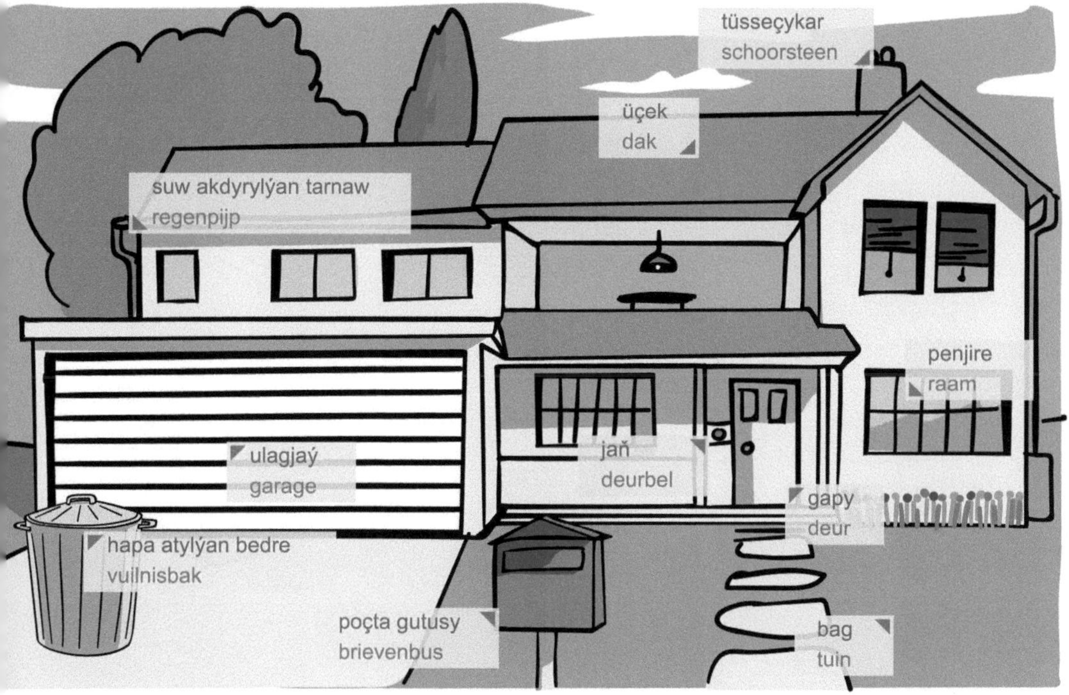

myhman otagy
woonkamer

wanna otagy
badkamer

aşhana
keuken

ýatalga otagy
slaapkamer

çaga otagy
kinderkamer

naharhana
eetkamer

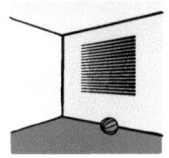

pol
....
vloer

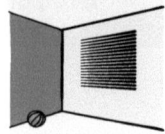

diwar
....
muur

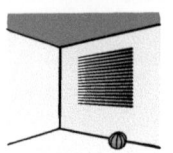

potolok
....
plafond

ýerzemin
....
kelder

hamam
....
sauna

balkon
....
balkon

eýwan
....
terras

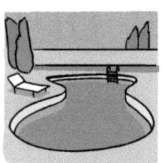

howdan
....
zwembad

gazon orujy
....
grasmaaier

ýorgan daşlygy
....
dekbedovertrek

örtgi
....
dekbed

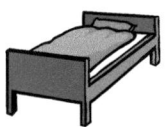

ýatakça
....
bed

sübse
....
bezem

bedre
....
emmer

öçüriji
....
schakelaar

myhman otagy
woonkamer

oboýlar
behangpapier
çekilen surat
foto
çyra
lamp
tekje
schap
şkaf
kast
telewizor
televisie
kamin
open haard
gül
bloem
ýassyk
kussen
diwan
sofa
küýze
vaas
aralykdan dolandyryş pulty
afstandsbediening

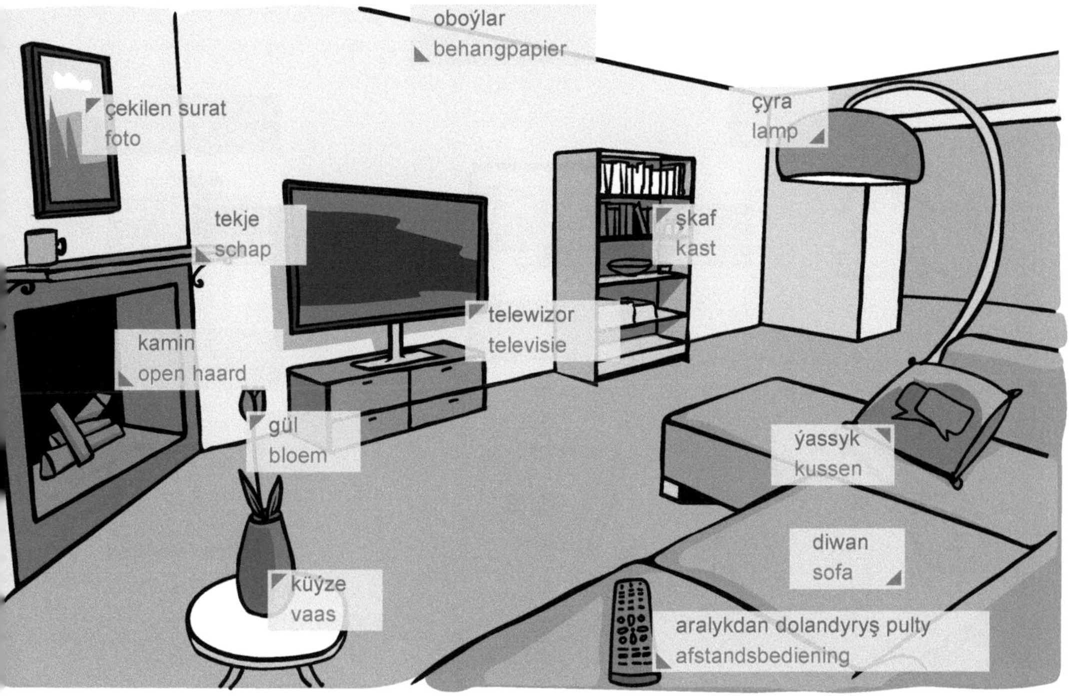

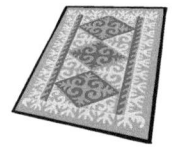

haly

mat

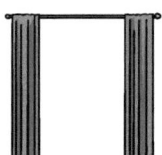

tuty

gordijn

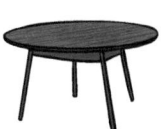

stol

tafel

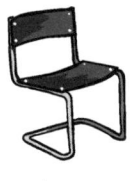

oturgyç

stoel

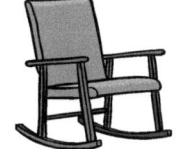

öňe-yza gaýdýan kürsi

schommelstoel

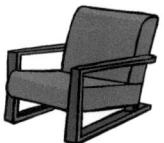

kürsi

fauteuil

kitap

boek

örtgi

deken

bezeg

decoratie

odun

brandhout

film

film

stereo ulgam

stereo-installatie

açar

sleutel

gazet

krant

surat

schilderij

ündewsurat

poster

radio

radio

bloknot

notitieboekje

tozan sorujy

stofzuiger

kaktus

cactus

şem

kaars

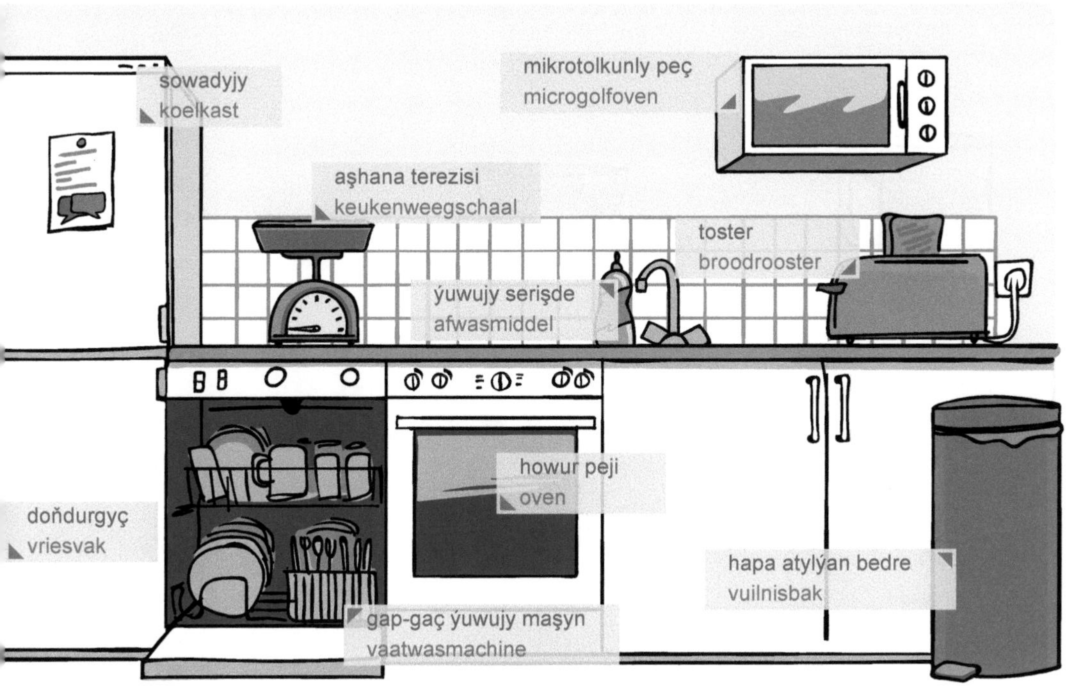

sowadyjy
koelkast

mikrotolkunly peç
microgolfoven

aşhana terezisi
keukenweegschaal

toster
broodrooster

ýuwujy serişde
afwasmiddel

howur peji
oven

doňdurgyç
vriesvak

hapa atylýan bedre
vuilnisbak

gap-gaç ýuwujy maşyn
vaatwasmachine

plita

fornuis

piti

pot

çoýun gazany

gietijzeren pot

wok / kadaý

wok / kadai

saç

pan

çäýnek, kitir

waterkoker

bugda bişiriji

stoomkoker

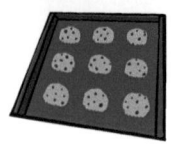

protiwen

bakplaat

gap-gaç

servies

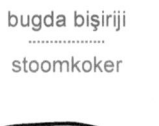

kürşge

mok

jam

kom

nahar iýilýän taýajyklar

eetstokjes

susak

pollepel

piljagaz

spatel

ýaýylýan maşyn

garde

elek

vergiet

elek

zeef

gyrgyç

rasp

soky

mortier

gril

barbecue

ot

haardvuur

tagta

snijplank

oklaw

deegrol

ştopor

kurkentrekker

tüneke banka

blik

konserwa pyçagy

blikopener

tutguç

pannenlap

rakowina

gootsteen

çotga

borstel

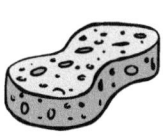

gubka

spons

mikser

blender

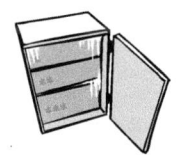

doňdurma kamerasy

vriezer

çagany iýmitlendirmek üçin çüýşejik

papfles

kran

kraan

wanna otagy
badkamer

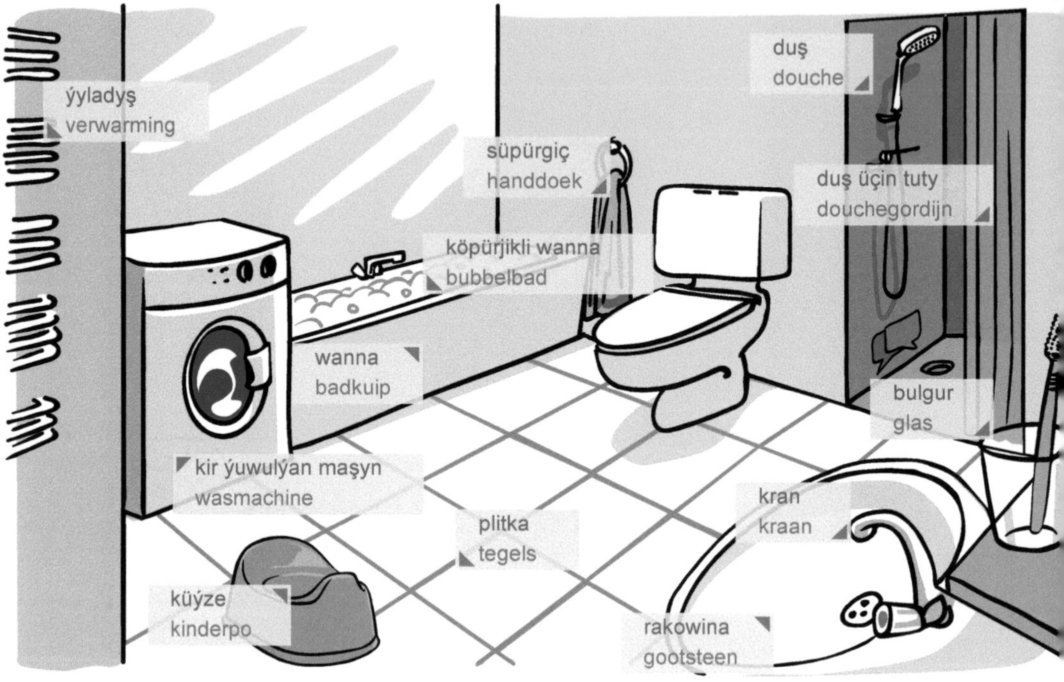

ýyladyş
verwarming
süpürgiç
handdoek
köpürjikli wanna
bubbelbad
duş
douche
duş üçin tuty
douchegordijn
wanna
badkuip
kir ýuwulýan maşyn
wasmachine
bulgur
glas
kran
kraan
plitka
tegels
küýze
kinderpo
rakowina
gootsteen

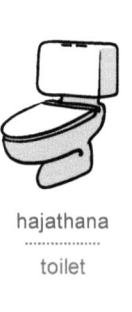

hajathana
toilet

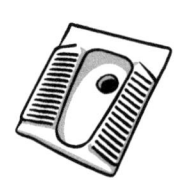

polda oturdylýan unitaz
hurktoilet

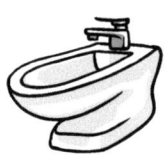

bide
bidet

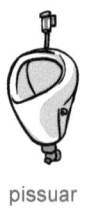

pissuar
urinoir

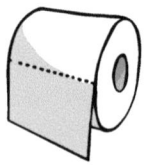

hajathana kagyzy
toiletpapier

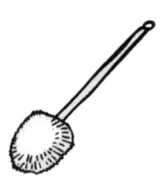

hajathana çotgasy
toiletborstel

diş çotgasy

tandenborstel

diş pastasy

tandpasta

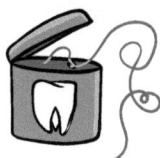

diş sapagy

flosdraad

ýuwmak

wassen

el duşy

handdouche

şahsy duş

bidethanddouche

legen

waskom

arka üçin çotga

rugborstel

sabyn

zeep

duş üçin gel

douchegel

şampun

shampoo

moçalka

washandje

akyş

afvoer

krem

crème

dezodorant

deodorant

aýna

spiegel

el aýnasy

handspiegel

päki

scheermes

sakgal syrmak üçin köpürjik

scheerschuim

sakgal syrylanyndan soňky
losýon

aftershave

darak

kam

çotga

borstel

fen

haardroger

saç üçin lak

haarlak

kosmetika

make-up

dodaga çalynýan reňk

lippenstift

dyrnaga çalynýan reňk

nagellak

pamyk

watten

manikýur gaýçysy

nagelknipper

atyr

parfum

kosmetika üçin gutujyk

toilettas

oturgyç

kruk

terezi

weegschaal

halat

badjas

rezin ellik

latex handschoenen

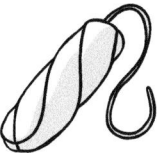

tampon

tampon

gigiýena prokladkasy

maandverband

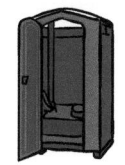

biohajathana

chemisch toilet

çaga otagy
kinderkamer

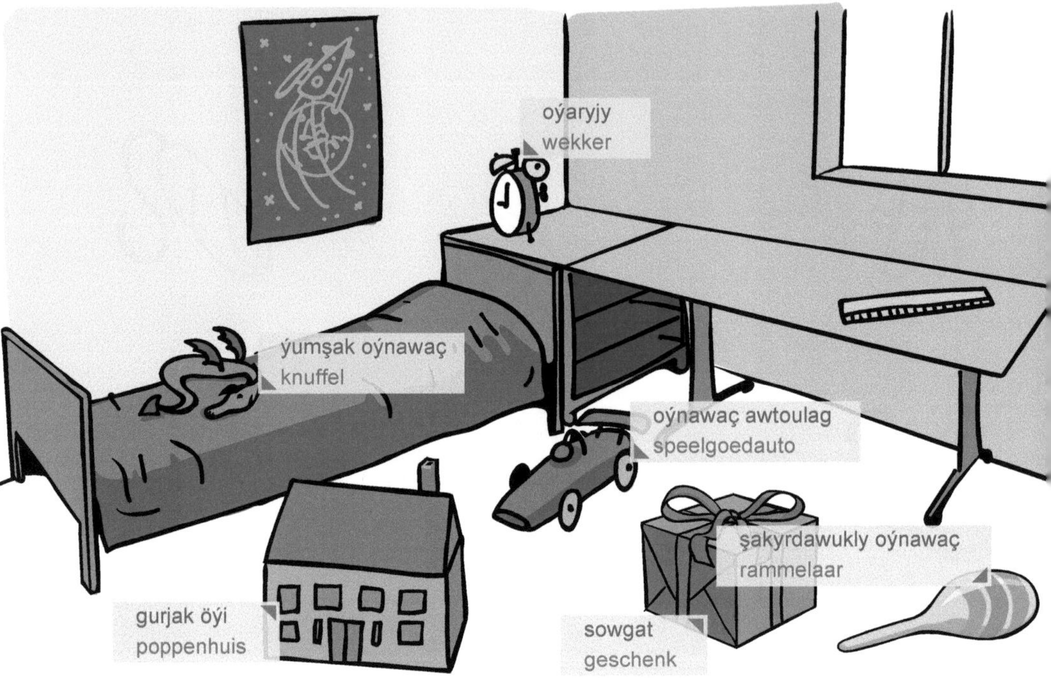

oýaryjy
wekker
ýumşak oýnawaç
knuffel
oýnawaç awtoulag
speelgoedauto
şakyrdawukly oýnawaç
rammelaar
gurjak öýi
poppenhuis
sowgat
geschenk

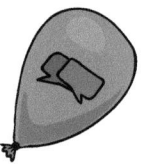

howaly şar
ballon

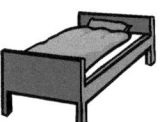

ýatakça
bed

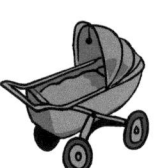

çaga arabasy
kinderwagen

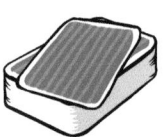

kart oýny
spel kaarten

pazl
puzzel

SUPER
MEGA

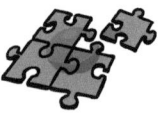

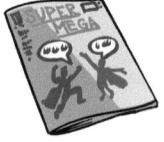

komiks
stripboek

Lego kerpiçleri

legoblokjes

kubikler

blokken

oýnawaç şekil

actiefiguur

çagalar üçin joraply balak

kruippakje

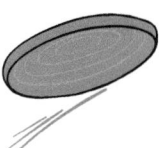

frisbi

frisbee

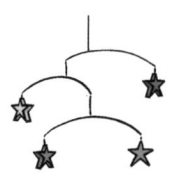

mobile

mobiel

stolüsti oýun

bordspel

kubik

dobbelsteen

demir ýolunyň modeli

modelspoorweg

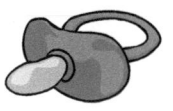

soska

fopspeen

şagalaň

feest

şekilli kitap

prentenboek

top

bal

gurjak

pop

oýnamak

spelen

çäge aýmança

zandbak

hiññildik

schommel

oýnawaç

speelgoed

oýun pristawkasy

spelconsole

üç tigirli welosiped

driewieler

plýuşadan aýyjyk

knuffelbeer

egin-eşik üçin şkaf

kleerkast

egin-eşik
kleding

jorap

sokken

çulki

kousen

kolgotka

maillot

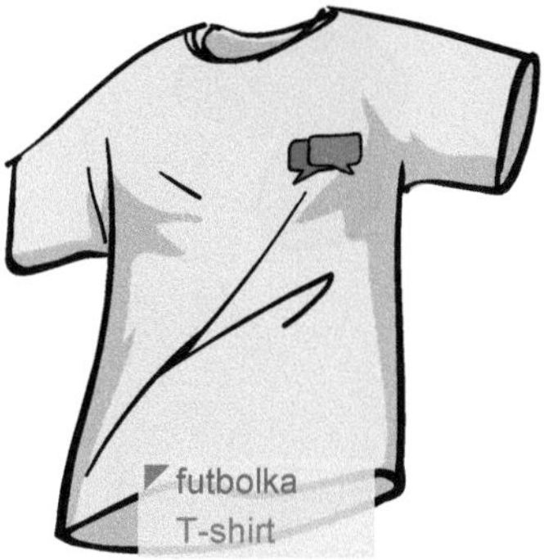

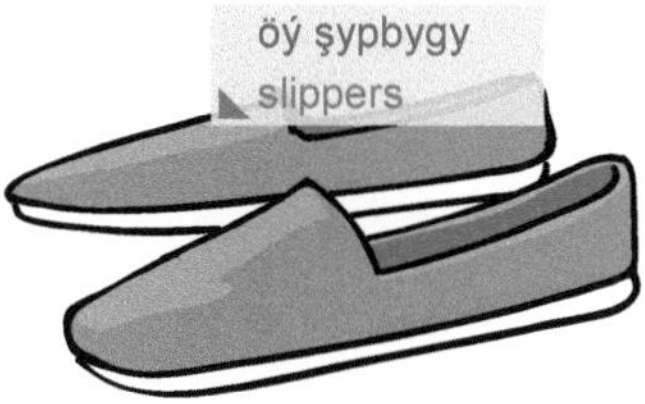

şarf
sjaal

kemer
riem

saýawan
paraplu

futbolka
T-shirt

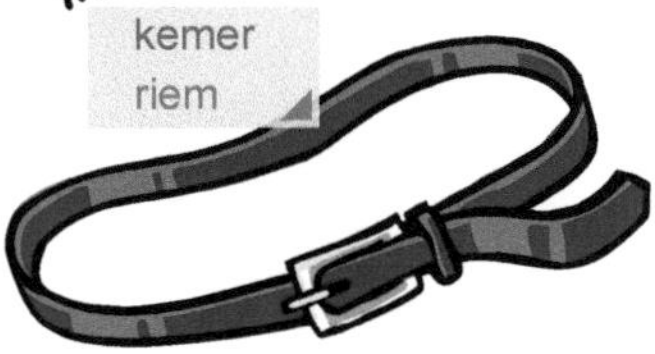

ädik
laarzen

öý şypbygy
slippers

krossowka
sneakers

sandaliýa
·················
sandalen

aýakgap
·················
schoenen

rezin ädik
·················
rubberlaarzen

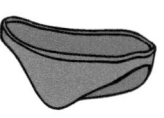

türsük
·················
onderbroek

göwüslik
·················
beha

maýka
·················
onderhemd

bodi

lichaam

jalbar

broek

jins

jeans

ýubka

rok

bluzka

blouse

köýnek

hemd

switer

trui

switer

capuchontrui

sport keltekçesi

blazer

žaket

jas

palto

jas

plaş

regenjas

kostýum

kostuum

köýnek

jurk

toý köýnegi

trouwjurk

erkek üçin kostýum

pak

ýatyş köýnegi

nachthemd

pižama

pyjama

sari

sari

ýaglyk

hoofddoek

selle

tulband

perenji

boerka

kaftan

kaftan

abaýa

abaya

suwa düşmek üçin lybas

badpak

plawki

zwembroek

şorty

short

sport lybasy

trainingspak

öňlük

schort

ellik

handschoenen

egin-eşik - kleding

47

ilik

knoop

äýnek

bril

bilezik

armband

zynjyr

ketting

ýüzük

ring

syrga

oorbel

papak

pet

geýim asgyç

kapstok

şlýapa

hoed

galstuk

das

syrma

rits

şlem

helm

egnaşyr kemer

bretellen

mekdep lybasy

schooluniform

lybas

uniform

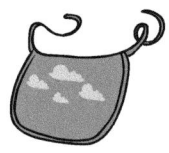

çaga döşlügi

slabbetje

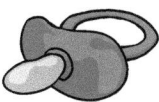

soska

fopspeen

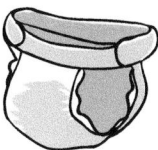

arlyk

luier

ofis

kantoor

serwer
server
kanselýariýa şkafy
dossierkast
kagyz
papier
printer
printer
monitor
monitor
ýazuw stoly
bureau
syçanjyk
muis
papka
map
klawiatura
toestenbord
kagyz üçin sebet
papiermand
kompýuter
computer
oturgyç
stoel

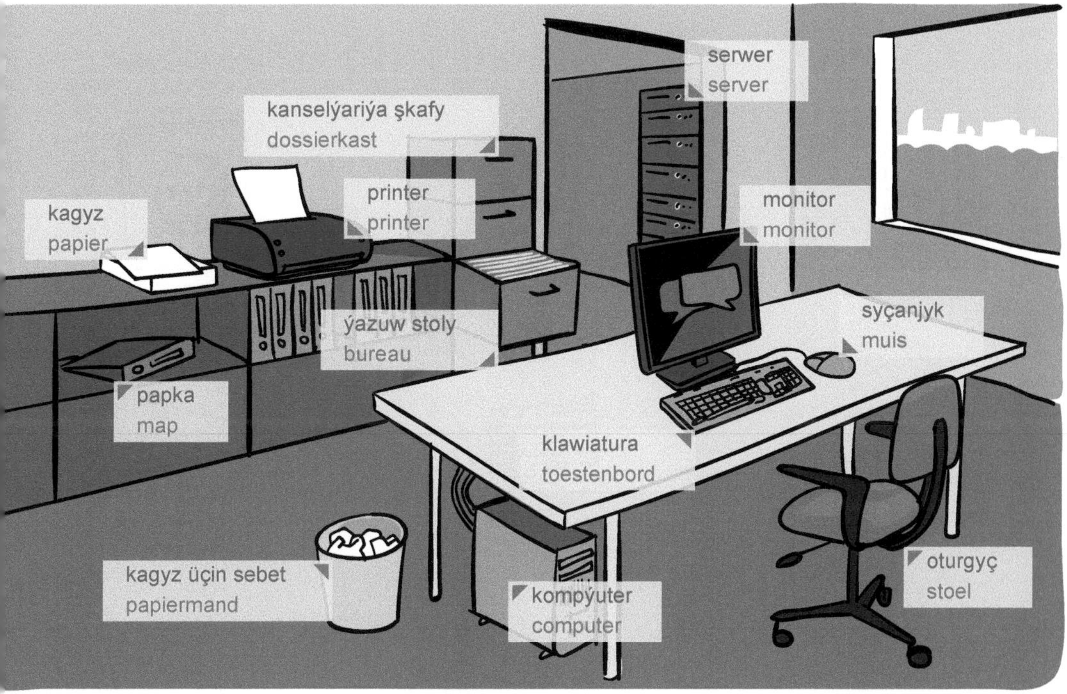

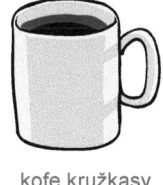

kofe kružkasy

koffiemok

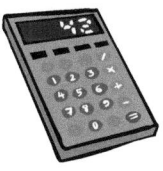

kalkulýator

rekenmachine

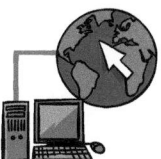

internet

internet

noutbuk
laptop

hat
brief

habar
bericht

öýjükli telefon
gsm

tor
netwerk

kseroks
kopieerapparaat

programma
software

telefon
telefoon

rozetka
stopcontact

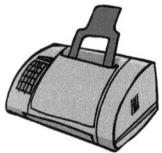

faks
fax

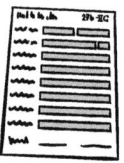

formulýar
formulier

resminama
document

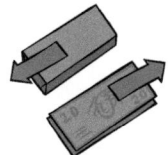

satyn almak

kopen

tölemek

betalen

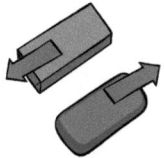

söwda etmek

handelen

pul

geld

dollar

dollar

ýewro

euro

iena

yen

rubl

roebel

frank

Zwitserse frank

ženminbi ýuan

Chinese renminbi

rupiýa

roepie

bankomat

geldautomaat

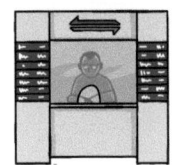

walýuta çalyşmak üçin bent
wisselkantoor

altyn
goud

kümüş
zilver

nebit
olie

energiýa
energie

baha
prijs

şertnama
contract

salgyt
belasting

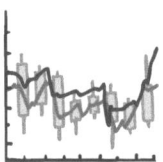

paýnama
aandeel

işlemek
werken

gullukçy
werknemer

iş beriji
werkgever

fabrik
fabriek

dükan
winkel

ykdysadyýet - economie

milisiýanyň işgäri
politieagent

ýangyn södüriji
brandweerman

aşpez
kok

lukman
dokter

uçarman
piloot

bagban
tuinman

agaç ussasy
timmerman

tikinçi
naaister

kazy
rechter

himik
chemicus

aktýor
acteur

awtobus sürüjisi

buschauffeur

taksiçi

taxichauffeur

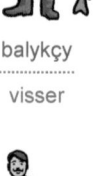

balykçy

visser

tam süpüriji

schoonmaakster

üçek basyrýan ussa

dakdekker

ofisiant

ober

awçy

jager

suratçy

schilder

çörekçi

bakker

elektrik

elektricien

gurluşykçy

bouwvakker

inžener

ingenieur

gassap

slager

santehnik

loodgieter

hatçy

postbode

esger
soldaat

binagär
architect

pulhanaçy
kassier

floraçy
bloemist

dellekçi
kapper

konduktor
conducteur

mehanik
mecanicien

kapitan
kapitein

diş lukmany
tandarts

alym
wetenschapper

rawwin
rabbijn

imam
imam

monah
monnik

ruhany
geestelijke

hünärler - beroepen

gurallar
werktuigen

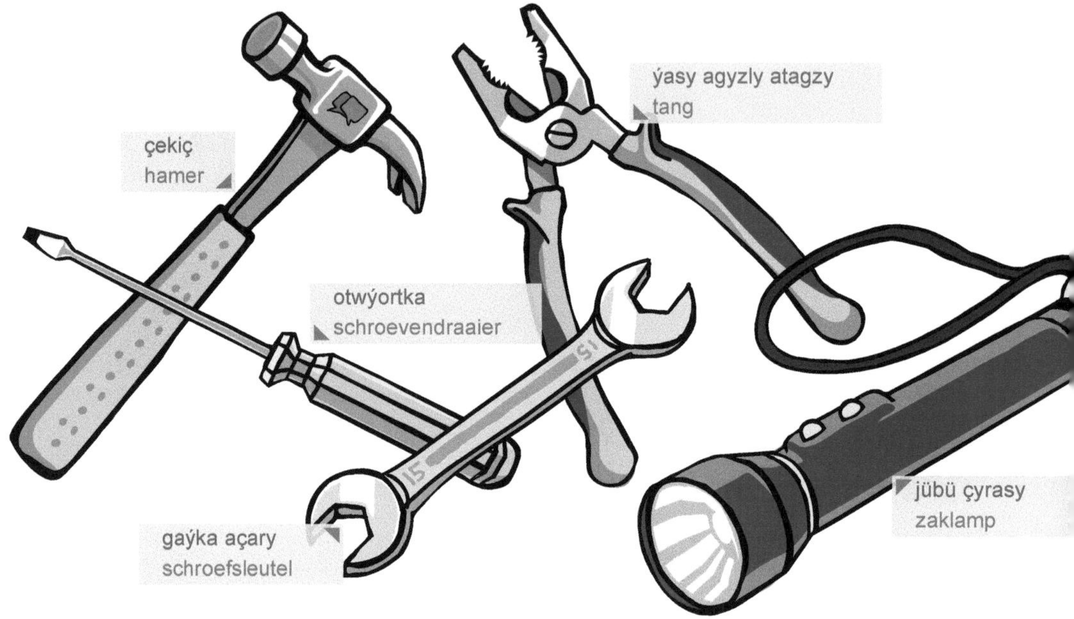
çekiç
hamer
ýasy agyzly atagzy
tang
otwýortka
schroevendraaier
gaýka açary
schroefsleutel
jübü çyrasy
zaklamp

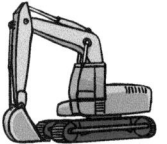

ekskawator

graafmachine

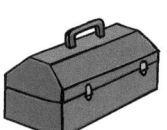

gurallar üçin gap

gereedschapskoffer

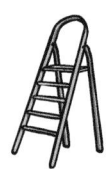

merdiwan

ladder

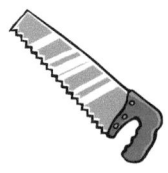

byçgy

zaag

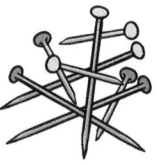

çüýler

spijkers

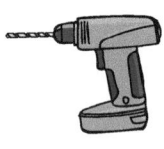

drel

boormachine

abatlamak
repareren

pil
schop

Bolmandyr!
Verdomme!

susguç
blik

boýagly bedre
verfpot

nurbatlar
schroeven

saz gurallary
muziekinstrumenten

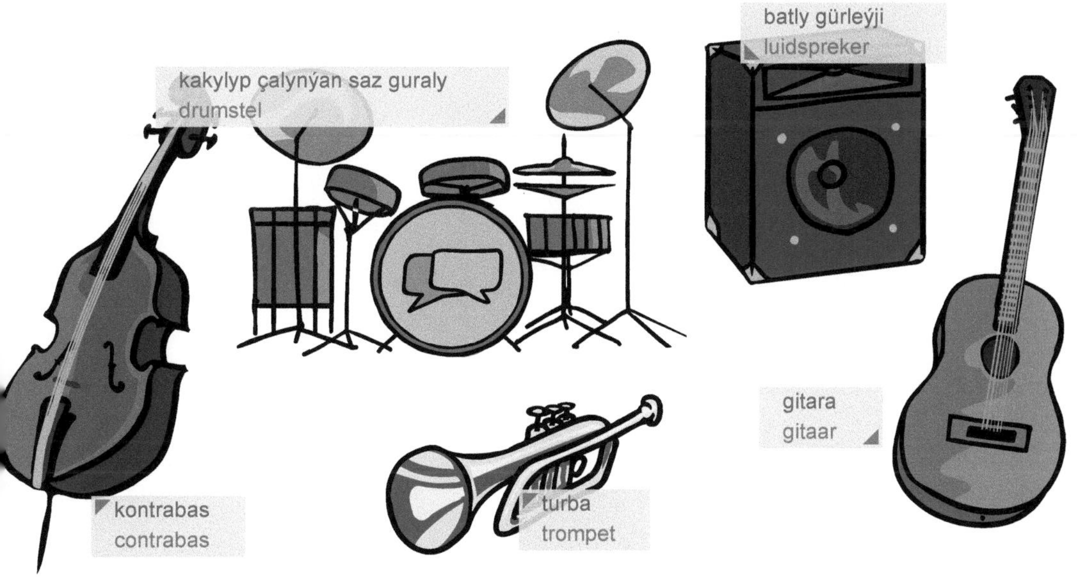

batly gürleýji
luidspreker

kakylyp çalynýan saz guraly
drumstel

gitara
gitaar

kontrabas
contrabas

turba
trompet

pianino

piano

skripka

viool

bas-gitara

basgitaar

nagara

pauk

deprek

trommels

sintezator

keyboard

saksafon

saxofoon

fleýta

fluit

mikrofon

microfoon

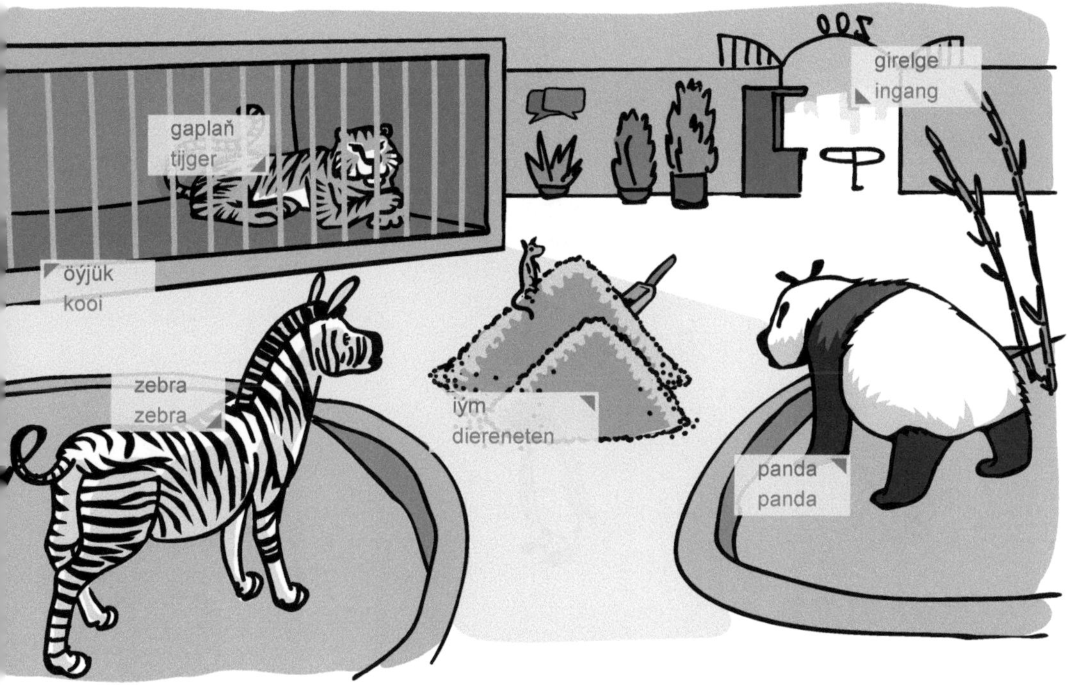

girelge
ingang

gaplaň
tijger

öýjük
kooi

zebra
zebra

iým
diereneten

panda
panda

haýwanlar
dieren

pil
olifant

kenguru
kangoeroe

nosorog
neushoorn

gorilla
gorilla

aýy
beer

düýe
kameel

düýeguş
struisvogel

ýolbars
leeuw

maýmyn
aap

gyzylinjik
flamingo

hindiguş
papegaai

ak aýy
ijsbeer

pingwin
pinguïn

akula
haai

tawus
pauw

ýylan
slang

krokodil
krokodil

haýwanat bagynyň
gullukçysy
dierenverzorger

düwlen
zeehond

ýaguar
jaguar

poni

pony

gaplaň

luipaard

begemot

nijlpaard

žiraf

giraffe

bürgüt

adelaar

ýekegapan

wild zwijn

balyk

vis

pyşbaga

zeeschildpad

suwpişik

walrus

tilki

vos

jeren

gazelle

amerikan
rugby

tigir sürmek
wielrennen

tennis
tennis

basketbol
basketbal

ÿüzme
zwemmen

boks
boksen

hokkeÿ
ijshockey

futbol
voetbal

badminton
badminton

ÿeñil atletika
atletiek

gandbol
handbal

lyža sporty
skiën

polo
polo

bökmek
springen

gujaklamak
knuffelen

gülmek
lachen

gitmek
wandelen

aýdym aýtmak
zingen

arzuw etmek
dromen

dilemek
bidden

öpmek
kussen

ýazmak

schrijven

surat çekmek

tekenen

görkezmek

tonen

basmak

duwen

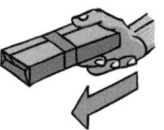

bermek

geven

almak

nemen

eýe bolmak

hebben

etmek

doen

bolmak

zijn

durmak

staan

ylgamak

lopen

çekmek

trekken

taşlamak

gooien

gaçmak

vallen

ýatmak

liggen

garaşmak

wachten

götermek

dragen

oturmak

zitten

geýmek

aankleden

ýatmak

slapen

oýanmak

ontwaken

görmek

kijken naar

aglamak

wenen

sypalamak

aaien

daramak

kammen

gürlemek

praten

düşünmek

begrijpen

soramak

vragen

diňlemek

luisteren

içmek

drinken

iýmek

eten

tertipleşdirmek

opruimen

söýmek

houden van

taýýarlmak

koken

gitmek

rijden

uçmak

vliegen

ýelkeni ýaýyp gitmek

zeilen

hasaplamak

rekenen

okamak

Lezen

okamak

leren

işlemek

werken

nikalaşmak

trouwen

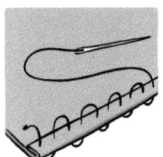

dikmek

naaien

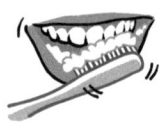

dişiňi arassalamak

tandenpoetsen

öldürmek

doden

çilim çekmek

roken

ugratmak

sturen

ene
grootmoeder

ata
grootvader

kaka
vader

eje
moeder

bäbek
baby

gyz
dochter

ogul
zoon

myhman

gast

daýza

tante

daýy

oom

aga

broer

uýa

zus

ten

lichaam

maňlaý
voorhoofd
göz
oog
egin
schouder
barmak
vinger
ýüz
gezicht
äň
kin
penje
hand
aýak
been
döş
borst
el
arm

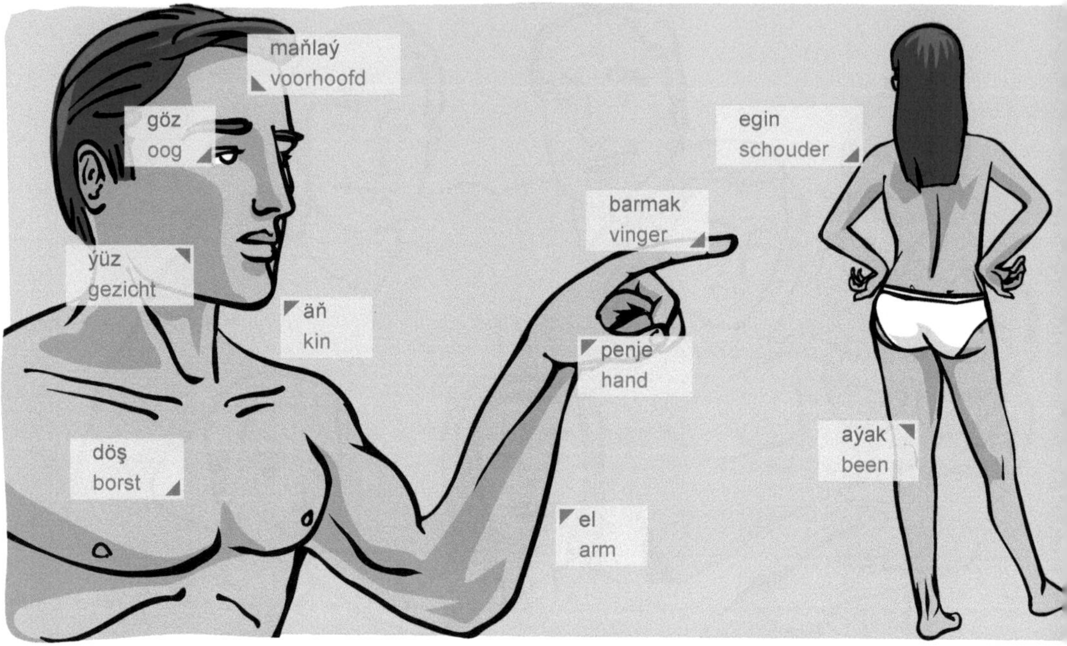

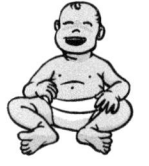

bäbek

baby

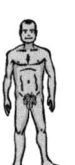

erkek

man

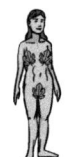

aýal

vrouw

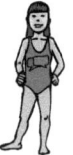

gyz

meisje

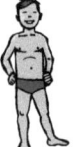

oglan

jongen

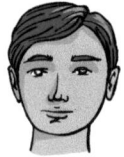

kelle

hoofd

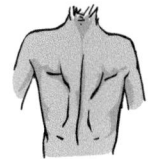

arka
rug

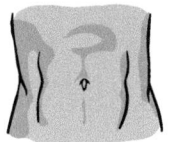

garyn
buik

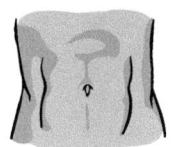

göbek
navel

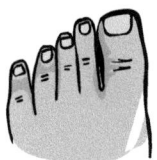

aýak barmagy
teen

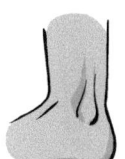

ökje
hiel

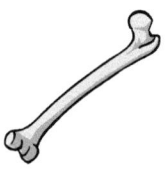

süňk
bot

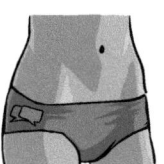

but
heup

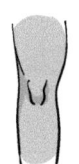

dyz
knie

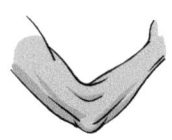

tirsek
elleboog

burun
neus

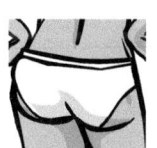

ýanbaş
zitvlak

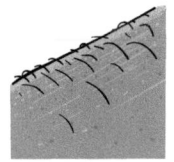

deri
huid

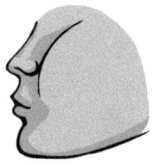

ýaňak
wang

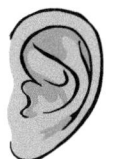

gulak
oor

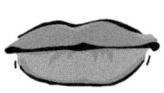

dodak
lip

ten - lichaam

agyz

mond

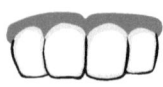

diş

tand

dil

tong

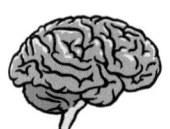

beýni

hersenen

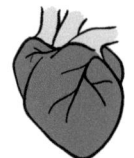

ýürek

hart

myşsa

spier

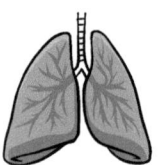

öýken

long

bagyr

lever

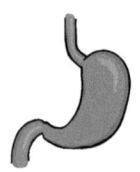

aşgazan

maag

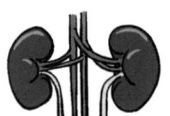

böwrek

nieren

jyns ýakynlygy

seks

prezerwatiw

condoom

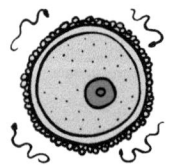

erkeklik jyns öýjügi

eicel

tohumlyk

sperma

göwrelilik

zwangerschap

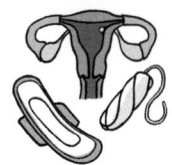

bil açylma
....
menstruatie

wagina
....
vagina

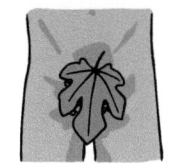

erkek jyns agzasy
....
penis

gaş
....
wenkbrauw

saç
....
haar

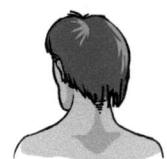

boýun
....
nek

hassahana
ziekenhuis

hassahana
ziekenhuis

tiz kömek ulagy
ambulance

tigirçekli kürsi
rolstoel

döwük
breuk

lukman

dokter

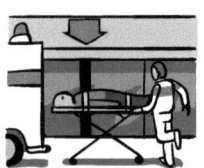

ilkinji kömek nokady

spoed

şepagat uýasy

verpleegkundige

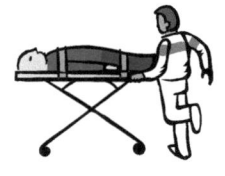

gaýragoýulmasyz ýagdaý

noodgeval

özüni bilmän

bewusteloos

agyry

pijn

zeper ýetme

verwonding

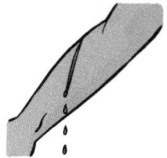

gan akmasy

bloeding

infarkt

hartaanval

insult

beroerte

allergiýa

allergie

üsgülik

hoest

ýokarlanan temperatura

koorts

dümew

griep

içgeçme

diarree

kelle agyrysy

hoofdpijn

rak

kanker

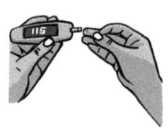

diabet

diabetes

hirurg

chirurg

skalpel

scalpel

operasiýa

operatie

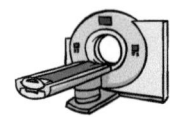

iýmit siňdirýän ortlaryň jemi

....

CT

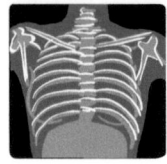

rentgen

....

röntgenstraal

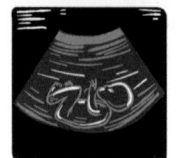

ultrases

....

ultrageluid

maska

....

gezichtsmasker

kesel

....

ziekte

kabulhana

....

wachtkamer

pişek

....

kruk

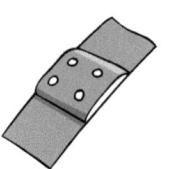

plastyr

....

pleister

bint

....

verband

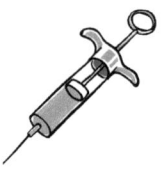

sanjym

....

injectie

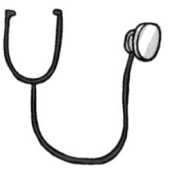

stetoskop

....

stethoscoop

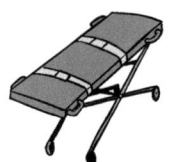

zemmer

....

brancard

termometr

....

thermometer

dogluş

....

geboorte

artykmaç agram

....

overgewicht

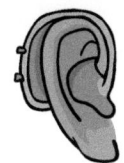

eşidiş abzaly

hoorapparaat

zyýansyzlandyryjy serişde

ontsmettingsmiddel

ýokanç

infectie

wirus

virus

WIÇ/ AIDS

HIV / AIDS

derman

medicijn

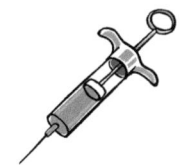

öňüni alyş sanjymy

vaccinatie

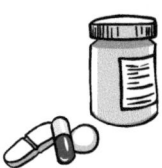

gerdejikler

tabletten

göwreli bolmakdan goraýan gerdejik

pil

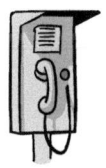

gaýragoýulmasyz çagyryş

noodoproep

gan basyşyny ölçeýji abzal

bloeddrukmeter

näsag / sagdyn

ziek / gezond

Kömek ediň! Help!	 howsala signaly alarm	 çozuş overval
 hüjüm aanval	 howp gevaar	 ätiýaçlyk çykalgasy nooduitgang
Ýangyn! Brand!	 ot söndürijisi brandblusser	 betbagtçylykly ýagdaý ongeval
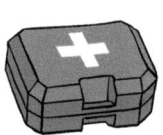 derman gutujygy EHBO-kit	 SOS SOS	 milisiýa politie

Ýewropa

Europa

Demirgazyk Amerika

Noord-Amerika

Günorta Amerika

Zuid-Amerika

Afrika

Afrika

Aziýa

Azië

Awstraliýa

Australië

Atlantika ummany

Atlantische Oceaan

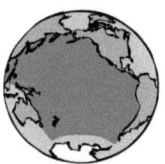

Ýuwaş umman

Stille Oceaan

Hindi ummany

Indische Oceaan

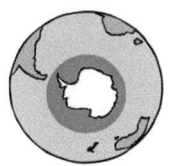

Antarktika ummany

Antarctische Oceaan

Demirgazyk Buzly umman

Arctische Oceaan

Demirgazyk polýusy

Noordpool

Günorta polýusy

Zuidpool

Antarktida

Antarctica

zemin

aarde

gury ýer

land

deňiz

zee

ada

eiland

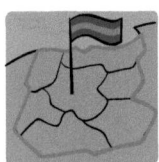

millet

natie

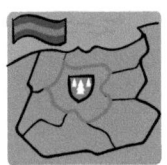

döwlet

staat

siferblat

wijzerplaat

sagadyň dili

uurwijzer

minut görkezýän dil

minuutwijzer

sekundy görkezýän dil

secondewijzer

sagat näçe?

Hoe laat is het?

gün

dag

wagt

tijd

häzir

nu

elektron sagady

digitale horloge

minut

minuut

sagat

uur

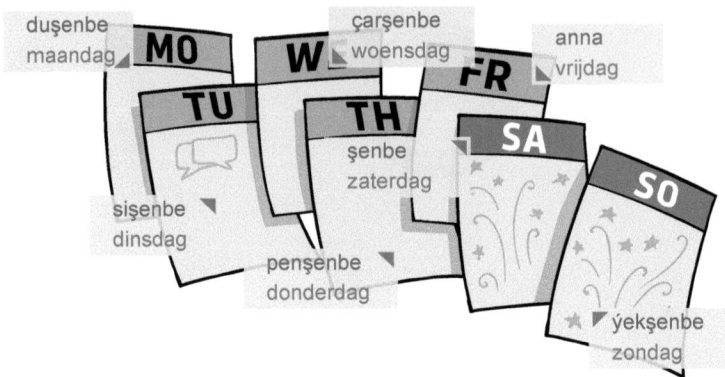

duşenbe / maandag — MO
çarşenbe / woensdag — W
anna / vrijdag — FR
TU
TH
şenbe / zaterdag
SA
sişenbe / dinsdag
penşenbe / donderdag
yekşenbe / zondag
SO

düýn

gisteren

şu gün

vandaag

ertir

morgen

säher

ochtend

günortan

middag

agşamlyk

avond

MO	TU	WE	TH	FR	SA	SU
1	2	3	4	5	6	7
8	9	10	11	12	13	14
15	16	17	18	19	20	21
22	23	24	25	26	27	28
29	30	31	1	2	3	4

iş günler

werkdagen

MO	TU	WE	TH	FR	SA	SU
1	2	3	4	5	6	7
8	9	10	11	12	13	14
15	16	17	18	19	20	21
22	23	24	25	26	27	28
29	30	31	1	2	3	4

dynç günler

weekend

ýyl
jaar

ýagyş
regen
älemgoşar
regenboog
şemal
wind
gar
sneeuw
ýaz
lente
güýz
herfst
tomus
zomer
gyş
winter

4.APRIL 11°
5.APRIL 4°
6.APRIL 13°
7.APRIL 8°
8.APRIL 10°

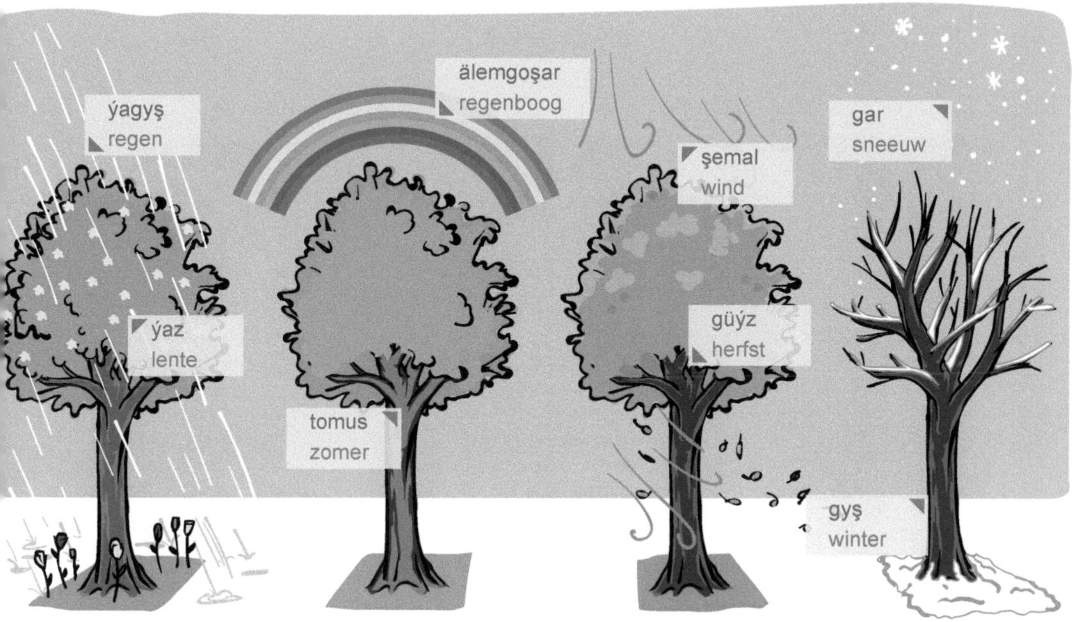

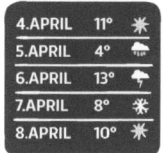

howa maglumaty

weervoorspelling

F
C
120
90
60
30
0
-30
40
30
20
10
0
-10
-20

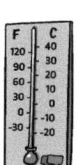

termometr

thermometer

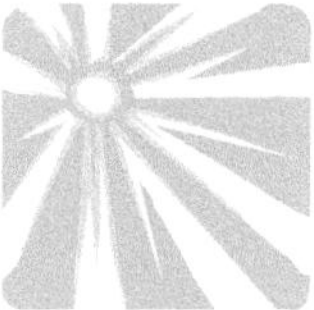

gün ýagtylygy

zonneschijn

gara bulut

wolk

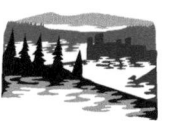

ümür

mist

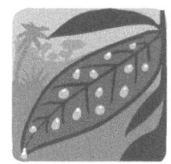

howanyň çyglylygy

vochtigheid

ýyldyrym

bliksem

gök gümmürdisi

donder

tupan

storm

doly

hagel

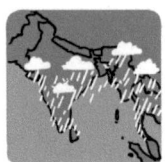

musson

moesson

suw alma

overstroming

buz

ijs

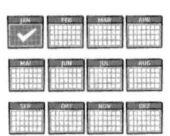

ýanwar

januari

fewral

februari

mart

maart

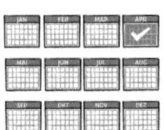

aprel

april

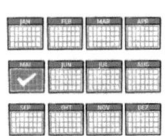

maý

mei

iýun

juni

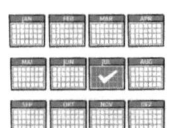

iýul

juli

awgust

augustus

sentýabr
················
september

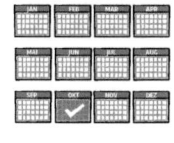

oktýabr
················
oktober

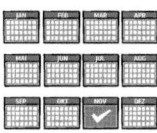

noýabr
················
november

dekabr
················
december

tegelek
················
cirkel

kwadrat
················
kwadraat

göniburçluk
················
rechthoek

üçburçluk
················
driehoek

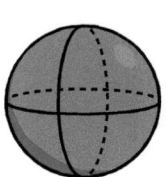

şar
················
bol

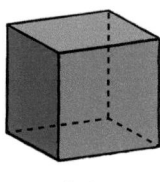

kub
················
kubus

ak

wit

sary

geel

mämişi

oranje

gülgüne

roze

gyzyl

rood

liliýa reňkli

paars

gök

blauw

ýaşyl

groen

goňur

bruin

çal

grijs

gara

zwart

köp / az

veel / weinig

gazaply / asuda

boos / kalm

owadan / betnyşan

mooi / lelijk

başy / soňy

begin / einde

uly / kiçi

groot / klein

açyk / garaňky

licht / donker

oglan dogan / gyz dogan

broer / zus

arassa / hapa

proper / vuil

doly / doly däl

volledig / onvolledig

gündiz / gije

dag / nacht

jansyz / diri

dood / levend

giň / dar

breed / smal

iýilýän / iýilmeýän

eetbaar / oneetbaar

gaharly / dostlukly

kwaadaardig / vriendelijk

tolgunly / tukat

opgewonden / verveeld

çişik / hor

dik / dun

başda / soňunda

eerst / laatst

dost / duşman

vriend / vijand

doly / boş

vol / leeg

berk / ýumşak

hard / zacht

agyr / ýeňil

zwaar / licht

açlyk / teşnelik

honger / dorst

näsag / sagdyn

ziek / gezond

bikanun / kanuny

illegaal / legaal

akyly / akmak

intelligent / dom

çepde / sagda

links / rechts

ýakyn / daş

dichtbij / veraf

täze / ulanylan

nieuw / gebruikt

hiç zat / bir zat

niets / iets

garry / ýaş

oud / jong

ýakylan / söndürilen

aan / uit

açyk / ýapyk

open / dicht

ýuwaş / gaty

stil / luid

baý / garyp

rijk / arm

dogry / nädogry

juist / fout

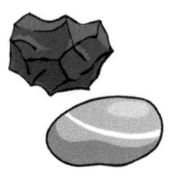

büdür-südür / tekiz

ruw / glad

gamgyly / şatlykly

droevig / blij

gysga / uzyn

kort / lang

haýal / tiz

traag / snel

öl / gury

nat / droog

ýyly / sowuk

warm / koud

uruş / parahatçylyk

oorlog / vrede

0	**1**	**2**
nul	bir	iki
nul	één	twee

3	**4**	**5**
üç	dört	bäş
drie	vier	vijf

6	**7**	**8**
alty	ýedi	sekiz
zes	zeven	acht

9	**10**	**11**
dokuz	on	on bir
negen	tien	elf

12

on iki

twaalf

13

on üç

dertien

14

on dört

veertien

15

on bäş

vijftien

16

on alty

zestien

17

on ýedi

zeventien

18

on sekiz

achtien

19

on dokuz

negentien

20

ýigrimi

twintig

100

ýüz

honderd

1.000

müň

duizend

1.000.000

million

miljoen

iñlis

Engels

amerikan iñlis

Amerikaans Engels

mandarin hytaý

Chinees (Mandarijn)

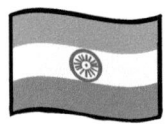

hindi

Hindi

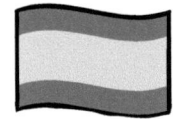

ispan

Spaans

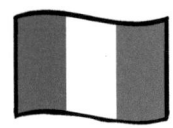

fransuz

Frans

arap

Arabisch

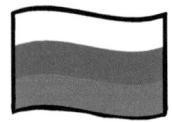

rus

Russisch

portugal

Portugees

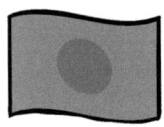

bengal

Bengali

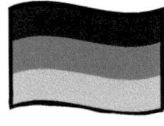

nemes

Duits

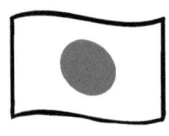

ýapon

Japans

men
ik

sen
u

ol (oglan) / ol (gyz) / ol (jansyz zat)
hij / zij / het

biz
wij

siz
u

olar
ze

kim?
wie?

näme?
wat?

nähili?
hoe?

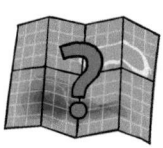

nirede?
waar?

haçan?
wanneer?

ady
naam

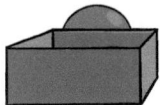

yzynda

achter

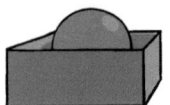

içinde

in

öňünde

voor

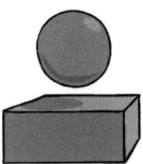

bir zadyň üsti

boven

üstünde

op

aşagynda

onder

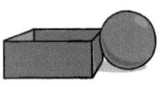

ýanynda

naast

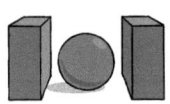

arasynda

tussen

ýer

plaats